AF356983

A NOSSEIGNEURS
DU PARLEMENT,
LA GRAND'CHAMBRE ASSEMBLÉE.

Upplie très-humblement Luc Alen, ci-devant Major du Régiment de *Lally*, & Aide-Major Général de l'Expédition de l'*Inde*.

Disant, qu'étant venu à Paris pour solliciter la récompense de ses Services, il y fut arrêté par Ordre du Roi, & conduit au Château de la Bastille le 6 Avril 1764, & que sa premiere surprise, causée par un emprisonnement auquel il n'avoit pas lieu de s'attendre, a redoublé par la douleur de se voir faire son Procès, sans sçavoir de quoi il est coupable.

Le Suppliant, plein de respect pour les Ordres du meilleur des Maîtres, n'attribue les horreurs dont il est depuis si long-tems la malheureuse victime,

A

qu'aux DELATEURS qui ont ofé flétrir fa réputation, & qui ont joint aux noirceurs de la calomnie, la criminelle adreffe de furprendre la religion de SA MAJESTÉ.

Il doit fuffire au Suppliant d'indiquer le prétexte qui peut avoir donné lieu au Procès qu'on lui fait fubir.

Les malheurs de la Guerre ayant fait paffer au pouvoir de l'ennemi, des Poffeffions confidérables, on en a vraifemblablement conclu que les Officiers envoyés pour les défendre, avoient lâchement trahi leur devoir : le Suppliant étoit du nombre de ces Officiers, & de plus *Major du Régiment de Lally;* c'eft là tout fon crime.

Il feroit difficile de lui en fuppofer d'autre, fi, après avoir jetté un coup d'œil impartial fur notre fituation & fur celle de l'ennemi, dans la partie de l'*Inde* qui a été le théâtre de la Guerre, LA COUR daigne examiner en détail la conduite du Suppliant.

Elle retrouvera par tout un Militaire attaché à fes devoirs, esclave de l'honneur, occupé de fon Etat, jaloux de mériter, & ne mettant d'intérêt qu'à cette confidération. Elle verra en même-tems par tout ce Militaire en but aux paffions, aux événemens, aux jeux du fort. Elle le fuivra effentiellement du jour de fon départ de *Pondichéry*, le 22 Août 1760, jusqu'au jour de fon embarquement à *Madras* pour revenir en Europe, le 16 Août 1761, environné de périls, arrêté par mille obftacles, obligé de fe porter en divers lieux, occupé d'autant plus d'idées, qu'avec des objets fixes, il n'avoit que des moyens incertains, balançant le pour & le contre , subordonnant ce qu'infpire le zèle à ce qu'exige le devoir ; enfin juftifiant par le fuccès dans tout ce qui lui fut poffible , qu'il ne mettoit de risque à rien dès qu'il voyoit le moindre jour à tirer quelque parti de fa maniere d'être , toujours critique , toujours malheureufe , & ne différant jamais que du plus au moins.

Pondichéry bloqué par terre & par mer ; & bloqué de façon que l'ennemi , maître de tous fes environs , n'avoit précifément à garder qu'un feul point , que la feule iffue qui nous reftoit , étoit à chaque inftant menacée de céder aux forces qui le preffoient de toutes parts.

Dans des circonftances auffi difficiles , *le Comte de Lally* imagine de faire fortir le Suppliant par cette iffue avec deux cens hommes , & de lui donner *carte blanche* , s'en rapportant aux reffources de fon zèle , pour porter toute efpéce de fecours à la Colonie.

Le Suppliant part, ou plutôt il s'échappe de *Pondichéry*, & il a le bonheur d'échapper à la vigilance de l'ennemi ; mais il ne tarde pas de fe trouver dans le plus grand embarras : Parvient-il avec des peines incroyables à raffembler des Convois? Ces Convois ne peuvent paffer faute de *Cavalerie noire* à leur donner pour escorte. Se livre-t-il à l'idée de faire diverfion, en cherchant à s'emparer des Forts ennemis? il eft forcé d'abandonner cette idée , parce qu'il manque de canon, & que le Soldat le plus intrépide répugne à la longue , quand il eft toujours queftion d'escalader. Il manquoit d'ailleurs de *Cypahys* pour garnir les Forts dont il auroit pû fe rendre maître ; pour mieux dire , il manquoit de tout , & du fein même de fon Détachement s'élevoit tous les jours le fujet, tant & tant rebattu , de contentions défolantes pour un Homme d'honneur.

Le *Général* avoit compté que le Suppliant feroit joint par les quinze cens *Cypahys* de *Mallet ;* mais ces *Cypahys* n'exifterent que dans fes ordres. Il avoit auffi compté fans doute fur l'ardeur des *Mayffou-riens ;* mais les *Mayffouriens* lâcherent le pied dès qu'il fallût en venir aux mains.

Malgré toutes ces contrariétés , le Suppliant ne ceffa d'agir jufqu'à ce que , s'étant emparé de *Thia-gar*, enfuite du Traité conclu avec les *Marrattes*, il fe rendit chez eux pour agir plus efficacement à fon retour en faveur de la Colonie. Mais les *Mar-rattes* qui l'avoient appellé , trompent fon attente & refufent de le fuivre. Il gagne le Royaume de *Mayffour*. On lui laiffe voir la poffibilité de tirer parti de cette Nation , la feule qui fe trouvât à portée & qui pût l'aider de fes forces. On l'y trompe par des efpérances. La Troupe qu'il commandoit murmure hautement & négocie en fecret ; elle apprend que *Pondichéry* a fuccombé ; elle fe livre alors fans ménagement à l'excès le plus inouï , elle paffe au fervice des *Mayffouriens*.

Le Suppliant forcé , à la fuite d'une infinité d'incidens, de chercher un afyle où le fort dirigera fes pas incertains, fe voit fans ceffe dans le cas de recourir aux expédiens, & conftamment néceffité de faire reffource. Il traverfe un Pays immenfe , où chaque jour lui montre un nouveau danger ; il arrive ainfi à *Trinquebar*, paffe de-là à *Saint-Thomé*, & s'embarque enfin à *Madras*.

Je me flate qu'au feul afpect de ce Tableau, la raifon prononcera toujours en faveur de mon innocence. Je ne dois pas redouter un détail dans lequel je ne puis que gagner. Je vais discuter en peu de mots les Témoins qui ont été oüis à l'appui de la plainte injufte portée contre moi.

Je crois avoir déja confondu, d'une maniere triomphante, la dépofition de tous ces Témoins dans le Mémoire féparé que j'ai eu l'honneur de faire diftribuer à mes Juges. Il me refte à faire quelques réflexions indispenfables, & fur leur qualité, & fur le témoignage de certains.

Onze Témoins ont été entendus contre moi ; leurs noms doivent être trop célébres dans la procédure, pour ne pas leur faire trouver place ici.

Les fieurs ,

> Lagrené, *Secrétaire du Confeil de Pondichéry.*
> Denis, *Confeiller.*
> Moracin, *Confeiller.*
> Lenoir, *Confeiller.*
> Courtin, *Confeiller.*
> Durre, *Commandant de l'artillerie du Roi.*
> Gallard, *Commandant de l'artillerie de l'Inde.*
> Lemeintier, *Officier de la cavalerie blanche de* l'Inde.
> Ligny, *Officier des troupes de l'Inde.*
> Genet, *Chirurgien de la cavalerie blanche de* l'Inde.
> Landivifiau, *Brigadier des armées du Roi.*

De ces onze Témoins, il y en a huit qui ne parlent dans toute leur dépofition que par *oüi-dire*, ainfi leur Témoignage ne mérite aucune discuffion : des *oüi-dires* ne forment pas des preuves. *Genet & Lemeintier* parlent auffi par *oüi-dire*, excepté quelque fait qui n'eft d'aucune conféquence. Le fieur *Ligny* eft le feul qui parle d'une maniere affirmative, & comme c'eft lui qui eft l'occafion de tous ces *oüi-dires*, avec lesquels on peut avoir cent Témoins, fans avoir une preuve, je m'attacherai particuliérement à développer fa dépofition.

Mais il n'y a aucun de ces Témoins qui ne fourniffe contre lui des reproches qui rendent fon témoignage très-fuspect.

Les fieurs *Lagrené, Denis, Moracin, Lenoir, Courtin* étoient du Confeil de *Pondichéry*, dès-lors très-verfés, s'il faut les en croire, dans le métier de la guerre, & fort en état d'apprécier des faits militaires. Si je voulois imiter leur exemple, & répéter des *oüi-dires*, j'accuferois le fieur *Denis* d'avoir été violemment impliqué dans un affaffinat bien connu à *Pondichéry*, & le fieur *Courtin* d'avoir reçu une forte fomme pour évacuer certain Comptoir, * & le livrer à l'ennemi, fans lui avoir même laiffé prendre la peine d'y marcher.

Le fieur *Courtin* n'a pû nier à la confrontation l'exiftence d'un *Parti* formé à *Pondichéry* contre le *Général*, & contre toutes les perfonnes qu'on foupçonnoit de lui être attachées. Ce Témoin y eft même convenu qu'il avoit fuivi le torrent, qu'il avoit fait comme les autres ; & cet aveu unique préfentera certainement à LA COUR, l'occafion finguliere de

* *Daka*, fitué fur la partie orientale du *Gange*.

remarquer que le ſieur *Courtin* n'a pas ſervi juſqu'au bout les intentions de ce *Parti*.

J'ai à reprocher au ſieur *Denis* de m'avoir marqué dans toutes les occaſions une inimitié décidée, une ſuffiſance ridicule, & une partialité condamnable. Ce dernier grief eſt, de ma part, articulé avec d'autant plus de juſtice que, chargé des fonctions de Commiſſaire, depuis la reddition de *Pondichéry*, il refuſa de faire mon décompte ſans aucune ſorte de conſidération, ſans égard au tableau de l'*Intendant de l'armée*, & à ce qui avoit toujours été pratiqué relativement à mes décomptes par le ſieur *Tobin*, *Tréſorier général*; il refuſa, dis-je, de faire le mien, quoiqu'il fît ceux de tous les autres. Si je me bornois à relever l'injuſtice des procédés du ſieur *Denis*, je ferois encore grace à cet homme équivoque qui veut être en même-tems Magiſtrat & Militaire, & qui n'eſt aſſurément ni l'un ni l'autre.

Le ſieur *Moracin* n'a pas ſans doute oublié une époque qu'on n'oubliera pas de long-tems à *Trinquebar*, & qui doit lui avoir laiſſé dans le cœur un vif reſſentiment contre moi : s'il étoit poſſible de peindre, ſans bleſſer la délicateſſe du langage & celle de mes Juges, un homme qui mérite un affront ſanglant par une baſſeſſe, qui la reçoit avec lâcheté, qui dévore en ſilence l'humiliation même, & qui enſuite cherche à ſe venger par des voies obſcures, je ferois le portrait du ſieur *Moracin* à *Trinquebar*.

Le ſieur *Lenoir* fit évader un *Négre*, qui me devoit une ſomme conſidérable d'argent, & ſe permit de * rudement maltraiter mon *Pion* qui, de l'agrément du Gouverneur de *Trinquebar*, avoit la garde de ce

* C'eſt une offenſe trèsgrave aux *Indes*, où les *Pions* ſont des ſerviteurs ſacrés.

Négre. Ainfi le fieur *Lenoir* fatisfit en même-tems la haine qu'il me portoit, & le fentiment de fon avidité, qui fçut lui faire tirer parti de la protection infenfée qu'il accorda mal adroitement à ce *Négre.* Ma modération, & le mépris que je marquois à des procédés fi extraordinaires, piquerent plus le fieur *Lenoir,* que tout ce que j'aurois pû faire pour me venger : le fouvenir lui en eft refté, & LA COUR s'en convaincra facilement, fi Elle daigne fe faire re-préfenter les reproches dont m'a *généreufement* chargé ce Témoin.

Le fieur *Lagrené* étoit fous de trop bons Maîtres pour ne pas profiter de leurs leçons, & fe trouvoit trop fouvent aux *petites fêtes* que le fieur *Moracin* donnoit aux ennemis du *Général,* & de ceux qu'il foupçonnoit lui être attachés, pour n'être pas de ce nombre ; il m'a traité en *Major de fon Régiment.*

La maniere dont j'ai répondu au fieur *Durre,* à propos de ma marche du camp de *Perimbé,* doit couvrir ce Témoin de confufion, & le déchirer de remords, auxquels je le livre. Quels reproches fon-dés n'aurois-je pas à lui faire fur fa conduite au fiége de *Madras,* & à celui de *Vandavachy ?*

Le fieur *Gallard,* qui n'a pas quitté *Pondichéry* pendant notre expédition, a eu la témérité d'ameu-ter le Corps de l'Artillerie de l'*Inde,* fi je dois en croire les rapports qui m'ont été faits, contre tous ceux qu'il préfumoit tenir au *Général.*

Le Comte de Lally a publiquement reproché au fieur *Landivifiau* la mauvaife conduite qu'il a tenue lors de l'inveftiffement de *Madras* le 14 Décembre 1758.

Depuis

Depuis cette époque, il se présenta plusieurs occasions (les deux batailles de *Vandavachy* nommément) où cet Officier supérieur auroit pû se rendre utile à la Colonie ; mais il se croyoit sans doute plus nécessaire à *Pondichéry*, & il y resta constamment jusqu'au 18 Juillet 1760, si je ne me trompe, qu'il vint à l'armée pour attaquer les postes ennemis, mais où *la pluie* l'empêcha d'opérer, ce qui me fit perdre une belle occasion de me montrer, commandant alors le *Régiment de Lally*.

Je rappellerai au sieur *Landivisiau* que lui ayant remis, quelque tems avant la levée du siége de *Madras*, l'ordre général à lire, dans lequel il étoit commandé pour aller à la tranchée, il eut la témérité de fouler aux pieds cet ordre ; que justement révolté d'une maniere de procéder si neuve, je le forçai à ramasser l'ordre & à se mettre en devoir de l'exécuter : le souvenir de cette époque *qui fut vive*, a suffi au sieur *Landivisiau* pour user de récrimination, & se faire un jeu de me calomnier, en articulant à tort & à travers des *ouï-dires* injurieux contre moi.

Le sieur *Lemeintier* étoit du Corps de cette *Cavalerie* qui, dans tant d'occasions s'est mutinée contre moi, & personne n'ignore l'empire de l'esprit du Corps. Je conviens cependant que ce Témoin s'y est moins livré que les autres ; il ne m'oppose rien d'essentiel : il se contente de me reprocher que je lui avois promis qu'il seroit secouru par le *Général* aux approches de *Pondichéry*, pour y faire entrer un Convoi que je l'avois chargé d'y conduire, & que ce secours lui manqua.

B

J'ai répondu fuffifamment à ce reproche dans mon Mémoire. Il me fuffit de répéter ici qu'il n'eft d'aucune conféquence ; que j'avois tout lieu de m'attendre au fecours que j'avois promis au fieur *Lemeintier;* que l'éxécution de cette promeffe ne dépendant pas de moi, je ne puis en être responfable ; que quand même je n'aurois eu d'autre vue, en la lui faifant, que de l'encourager contre les obftacles qu'il avoit à furmonter, ce motif ne pourroit être blâmé ; & que, tous les jours, les Commandans fe fervent de ce moyen pour infpirer de la valeur, ou au moins plus de confiance aux Troupes.

Le fieur *Genet, Chirurgien* de cette même *Cavalerie,* avoit des raifons particulieres de m'en vouloir. J'avois fouvent été obligé de lui faire des reproches amers, fur ce qu'il détournoit à fon profit quantité de toiles, de Raque, & de vivres deftinés à un certain * Hôpital qui en manquoit toujours, fuivant les plaintes, & les rapports des Fourniffeurs. Le fieur Genet m'a donné des preuves de fa fenfibilité en excitant la fédition dans mon Détachement, & le même efprit de vengeance a dicté fa dépofition.

* L'Hôpital de Thiagar.

On ne peut méconnoître cet efprit de haine & de partialité, pour peu qu'on réfléchiffe fur la dépofition du fieur *Genet;* je n'en rappellerai ici que quelques traits, parce qu'elle eft entierement détruite par les raifons expofées dans mon Mémoire.

1°. Le fieur *Genet* m'accufe d'avoir quitté *Thiagar* avant l'approche de l'ennemi, d'avoir laiffé le Fort dépourvû de tout, d'avoir refté un an chez les *Marrattes* .... fi on ne fçavoit dans quel

aveuglement peut jetter une paſſion violente, on
ne croiroit jamais qu'un homme ſe permît d'avancer
des fauſſetés auſſi faciles à démontrer ; car, en pre-
mier lieu il eſt conſtant, il eſt connu de toute ma
Troupe que, lorſque je voulus quitter *Thiagar*, je fus
obligé de former une * attaque d'un côté pour ſor-
tir du côté oppoſé ; donc je ne quittai pas ce Fort
avant l'approche de l'ennemi. En ſecond lieu, il
n'eſt pas moins de notoriété publique, que le Fort
a tenu près de quatre mois après mon départ ; il eſt
donc évidemment faux que je l'aie laiſſé dépourvu
de tout. En troiſiéme lieu, il eſt prouvé par mon jour-
nal que je n'ai reſté que dix jours chez les *Marrat-*
tes, & il eſt impoſſible de concilier les deux imputations dont on me charge d'avoir reſté chez les
Marrattes, & d'avoir été en même tems chez le
Nabab de *Velours* ; d'où il s'en ſuit que le ſieur *Ge-*
net avoit perdu, en dépoſant, ou la raiſon, ou la
mémoire.

2° Ce Témoin oſe dire que j'ai levé des Contributions conſidérables, & il en apporte pour preuve que j'avois laiſſé une *malle*, dans laquelle on
trouva quatre cent roupies.

Ces deux accuſations ſont pleinement réfutées
dans mon Mémoire. Je me contente d'obſerver
qu'une imputation vague ne fut jamais une preuve,
qu'il ne ſuffit pas de dire en général que j'ai levé
des Contributions, qu'il faut de plus articuler des
faits qui le prouvent, & le ſieur *Genet* n'en cite aucun. L'hiſtoire de la *malle* démontre préciſément
le contraire de ce qu'il avance ; car quatre cens
roupies ſont une trop modique ſomme, pour prou-

* Cette atta-
que fut com-
mandée par le
ſieur *Bouteil-*
ler, Officier au
Régiment de
Lorraine.

ver que j'eusse levé des Contributions considérables. On ne peut rien conclure de ce que dit le sieur *Kennedy* dans une lettre qu'on a intercepté, QU'IL M'A SAUVE' LE RESTE, parce que ce mot le *reste* ne signifie aucune valeur précise, & qu'il peut s'appliquer à une petite, comme à une grande somme.

En effet j'avois laissé deux mille roupies dans cette *malle* : les Officiers eurent la bassesse de l'ouvrir, & de me voler ces quatre cent roupies. Le sieur *Kennedy* m'en ayant sauvé seize cents; & c'est là toute la somme dont il entend parler, quand il dit QU'IL M'A SAUVE' LE RESTE. En un mot, je n'ai reçu de l'argent que du Fermier Général de la Compagnie à qui j'ai toujours fait mon récépissé : on ne prouvera jamais que j'aie tiré un sol d'ailleurs.

3°. Le sieur *Genet* m'accuse d'avoir resté dans l'inaction au camp de *Preston*, & me soupçonne d'avoir détourné à mon profit un Convoi qui avoit été rassemblé à *Gingy*. Comme ce chef d'accusation rentre dans la déposition du sieur *Ligny*, j'y renvoye ma réponse. Je dirai seulement au sujet du Convoi, qu'il avoit été formé par les ordres du Commandant de *Gingy*; que je le laissai en son pouvoir, & que c'est à lui qu'il en faut demander compte.

LA COUR ne manquera pas de s'appercevoir que le sieur *Genet* fait plutôt l'office d'accusateur, que celui de Témoin; qu'il donne ses conjectures pour des certitudes, & que sa déposition, au lieu d'être une simple déclaration de faits, qui n'a pour base que la vérité, porte tous les caracteres d'une plainte outrée, qui ne prend sa source que dans le poifon de la haine ; auffi a-t'il été obligé de fe rétracter en partie à la confrontation , & cela feul confirme ce que j'en dis , & tout ce qu'on peut en imaginer.

Tel eft le portrait rapidement crayonné de tous ces Témoins. L'intérêt qu'ils avoient à me calomnier , l'inimitié perfonnelle que la plûpart avoit conçue contre moi , font trop vifibles pour ne pas ôter à leurs dépofitions tout motif de crédibilité.

Il eft tems d'en venir au fieur *Ligny* , c'eft lui qui fert de bafe à tous les autres : celui-là renverfé , ceux-ci tombent. Il en coute à un honnête hom-me d'être obligé de dévoiler le fieur *Ligny ;* mais la néceffité d'une légitime défenfe , me force à lui oppofer des vérités humiliantes.

J'ai ouï dire que le fieur *Ligny* paffa dans l'*Inde* par ordre du Roi , en qualité de foldat. Si ce début n'annonce pas communément un fujet recomman-dable , j'ofe attefter par rapport au fieur *Ligny* , que la fortune qui l'éleva au grade d'Officier , négligea trop d'élever auffi fes fentimens.

Au moment où je partois pour aller m'emparer de *Thiagar* , le fieur *Ligny* eut la lâcheté d'aban-donner fon piquet , & de refter à *Gingy* , fous le prétexte d'une légere fiévre. J'avoue que mon pro-jet fur *Thiagar* put en multiplier les accès , mais qui ne fentira que fi le fieur *Ligny* eût véritable-ment été arrêté pour caufe de maladie , il feroit re-venu à fon devoir dès qu'il l'auroit pû ? Au lieu de rejoindre fa Troupe , il fe rendit , fans m'en donner avis , au camp des *Marrattes* , où nous le trouvâ-mes.

Il ne donna pas dans cet endroit une preuve de

desintéreſſement, ni de ſon zèle pour les intérêts de la Colonie. Nous étions obligés de faire des préſens aux *Marrattes*, nous donnâmes tous nos montres ; le ſieur *Ligny* fut le ſeul qui refuſa la ſienne.

Après avoir quitté le camp des *Marrattes* pour nous rendre au *Mayſſour*, nous fûmes obligés de faire une marche un peu longue pour trouver des ſubſiſtances : il n'eſt pas de propos ſéditieux que le ſieur *Ligny* ne tint contre moi à cette occaſion, & peu s'en fallut, qu'à ſon exemple, toute la Troupe ne ſe révoltât ouvertement. Je lui fis les vives réprimandes qu'il méritoit, ou plutôt je lui renouvellai celles que j'avois été obligé de lui faire en maintes autres occaſions, & je me ſuis bien apperçu que le deſir de ſe venger avoit préſidé à ſa dépoſition.

Cette dépoſition m'a trop frappé pour l'oublier jamais, & il ſuffit de la lire pour découvrir l'eſprit qui l'a dictée.

Le ſieur *Ligny* dépoſe que « il fut détaché ſous » les Ordres du ſieur *Alen*, pour manœuvrer avec » les *Mayſſouriens*, & faire entrer des Convois à » *Pondichéry* : on en avoit raſſemblé un à *Gingy*, » mais pour le faire paſſer, il falloit dépoſter le *Co-* » *lonel Preſton*, qui n'étoit pas campé loin de-là » & qui bouchoit le paſſage. Le ſieur *Alen* fit mine » de marcher en force avec les *Mayſſouriens* pour » l'attaquer, diſant que pendant qu'il attaqueroit » *Preſton*, il feroit paſſer le Convoi : effectivement, » lorsque les Troupes partirent pour attaquer *Pre-* » *ſton*, le Dépoſant vit le Convoi préparé & dispoſé » à ſe mettre en marche. Nous arrivâmes à la vûe » du camp de *Preſton* ; les *Mayſſouriens*, & toutes

» les Troupes témoignerent toute la bonne volon-
» té poſſible pour attaquer ; le ſieur *Alen*, ſans
» qu'on ait ſu pourquoi, perdit le tems en ſe te-
» nant à l'écart ſous un arbre, & ſe replia peu après
» vers *Gingy*, avec aſſez peu d'ordre.

» De retour à *Gingy*, on n'eut aucune nouvelle
» du Convoi, & le Dépoſant ne peut ſe diſpenſer de
» croire que le ſieur *Alen* l'a fait diſperſer con-
» jointement avec *Ramelinga* qui faiſoit les fon-
» ctions d'*Arombatté*, * & l'ont appliqué à leur
» profit : ce qui donne lieu de le penſer au Dépo-
» ſant, c'eſt la ſuite continuelle des manœuvres du
» ſieur *Alen :* ſon avidité a été telle, que tandis qu'il
» laiſſoit mourir de faim les Troupes qu'il comman-
» doit, les ſieurs *Lemeintier* & *Higle* s'étant empa-
» rés d'une quantité de bœufs dont ils comptoient
» ſecourir les Troupes, le ſieur *Alen* les conſigna,
» les fit remettre à *Ramelinga* qui n'en a pas fait
» paſſer un ſeul à *Pondichéry*. Le ſieur *Higle* ayant
» voulu demander un reçu à *Ramelinga*, le ſieur
» *Alen* l'envoya priſonnier à *Gingy*, enſorte que
» le Dépoſant peut dire & aſſurer que le ſieur *Alen*,
» qui avoit été envoyé au dehors avec un détache-
» ment conſidérable, pour favoriſer l'entrée des
» Convois à *Pondichéry*, non-ſeulement n'a fait
» aucun mouvement apparent & utile pour cet
» objet, mais a fait diſperſer & ruiner ſa Troupe,
» ne s'occupant que de ſon intérêt perſonnel. »

Le ſieur *Ligny* parle enſuite du camp de *Marrattes* pour dire qu'il avoit remis ſes papiers au ſieur
Alen, fauſſeté inſigne qu'il a été obligé de rétracter

* Pourvoyeur
Général.

à la confrontation, lors de laquelle il a avoué qu'il les avoit remis au ſieur de *Noroigne*.

Il dit auſſi quelque choſe du *Mayſſour*, mais il ÉTOIT RESTÉ A BENGALOURS. Il n'appartient qu'au ſieur *Ligny* de voir ce qui ſe paſſe là où il n'eſt pas, & d'aſſurer, en vertu du ſerment qu'il a fait, les choſes qu'il n'a pas vûes. Ces deux traits ſuffiroient pour mériter à ce Témoin le titre de calomniateur, & renverſer de fonds en comble toute ſa dépoſi-tion, mais il eſt eſſentiel de le ſuivre pied à pied, & de déployer en détail la confuſion dont il eſt digne.

1°. Le ſieur *Ligny* dit d'abord qu'il fut *détaché ſous mes Ordres pour manœuvrer avec les Mayſſou-riens, & faire entrer des Convois dans Pondichéry.* Le ſieur *Ligny* ne parle ſans doute ainſi, que parce que *le Général* lui avoit confié l'objet de ma mis-ſion. Il eſt malheureux pour ce Témoin que mes Ordres exiſtent : ils ſont au Procès ; on y verra que mes opérations n'étoient pas bornées à faire paſſer des Convois, que j'avois CARTE BLANCHE, que j'étois chargé de veiller à tous les dehors de *Pondichéry*, & qu'il n'y eſt fait aucune ſorte de mention des *Mayſſouriens.* De quel front le ſieur *Ligny* oſe-t-il donc aſſurer qu'il fut détaché avec moi pour ma-nœuvrer avec les *Mayſſouriens*, & faire paſſer des Convois à *Pondichéry* ? Sur quel garant affirme-t-il, contre la teneur expreſſe de mes Ordres, que j'avois uniquement été envoyé au dehors pour favoriſer l'entrée des Convois ? c'eſt peut-être pour la pre-miere fois qu'un Officier ſubalterne, borné à exé-cuter

cuter les ordres particuliers qu'on lui donne, entreprend de fixer le plan d'opérations dont ſon Commandant eſt chargé, & qu'il n'a ni vû, ni dû voir; mais la ſuite de la dépoſition décéle les vues du ſieur *Ligny*, en voulant borner ma miſſion aux Convois.

2°. Il dit qu'il y avoit un *Convoi conſidérable à* Gingy, *mais que pour le faire paſſer, il falloit dépoſter le* Colonel Preſton *qui n'étoit pas campé loin de-là, & qui bouchoit le paſſage ; le ſieur* Alen, continue-t-il, *fit mine de marcher en force avec les* Mayſſouriens *pour l'attaquer, diſant que pendant qu'il attaqueroit* Preſton, *il feroit paſſer le Convoi qui étoit tout préparé & diſpoſé à ſe mettre en marche.*

C'eſt ainſi que le ſieur *Ligny* affecte d'étaler des talens militaires dont il n'a jamais donné de preuves, & qu'il veut ſavoir mieux que moi ce que j'avois intention de faire. Pour le confondre, & le couvrir du ridicule qu'il mérite, je lui apprends que mon deſſein n'étoit pas ſeulement de *dépoſter le Colonel Preſton*, mais de l'enlever; que, dans cette vûe, je fis ſuivre le Convoi pour l'attirer par cet appas hors de ſes retranchemens & l'envelopper, & que, ſuivant les régles de la guerre, je ne pouvois avoir d'autre deſſein, puiſque 1°. on ne s'eſt jamais chargé d'un Convoi dans le moment qu'on va attaquer l'ennemi. 2°. Quoiqu'il fût évident que les *Mayſſouriens* perſiſtaſſent dans leur refus d'aider à escorter le Convoi, il ne l'eſt pas moins qu'en leur prétant le ſentiment contraire, je ne pouvois préférer un chemin battu par l'allarme, à un autre chemin, qui d'ailleurs étoit plus commode. 3°. Puis-qu'enfin je devois dire, pour tromper les Espions, & accréditer la prévention que je ferois paſſer le Convoi pendant l'attaque. Le *Colonel Preſton* ne ſe prit pas au piége que je lui tendois : le ſieur *Ligny*, ſuivant ſa dépoſition, auroit mieux pénétré mes vûes ; mais quand on a été fait Soldat ſans voca-tion & Officier par la diſette, on a ſans doute le coup d'œil plus juſte que le *Colonel Preſton*.

3°. Ce Témoin aſſure que les *Mayſſouriens & tou-tes les Troupes témoignerent toute la bonne volonté poſſible pour attaquer.* Je ne me plains pas de nos Troupes en cette occaſion ; mais je ne puis, ſans indignation, entendre dire que les *Mayſſouriens té-moignerent toute la bonne volonté poſſible.* Quoi! ce *Macdouſaïb*, Chef des *Mayſſouriens*, qui ne ſe ren-dit que fort tard au Poſte qui lui étoit aſſigné ; ce *Macdouſaïb* qui me voyant diſpoſer à DONNER, vit au même inſtant un tourbillon de pouſſiere, ac-courut à moi pour me dire que nous étions coupés, & ordonna ſur le champ ſa retraite ; ce *Macdouſaïb* qui fut diſgracié par ſon propre beau frere, parce qu'il avoit lâché le pied en cette occaſion ; ce *Macdouſaïb* qui, envoyé pour ſecourir la Colonie, ne fit que la ravager : ce *Macdouſaïb* témoigna toute la bonne * volonté poſſible ! En vérité, le ſieur *Ligny* y

(a) Les *Mayſſouriens* n'ont jamais montré plus de *bonne volonté* pour ſervir la Colonie, que le ſieur *Ligny* n'en montre lui-même pour ſervir la vérité.

On connoît, malheureuſement pour ce Témoin, la lâcheté des *Troupes de l'Inde :* des perſonnes inſtruites m'ont ſouvent aſſuré que leur idiome ne fourniſſoit pas même le moyen d'exprimer *la bonne volonté.* Pour m'en marquer, & avec libéralité, le ſieur *Ligny* pa-roît avoir étrangement abuſé des richeſſes & des tours de la ſienne.

fonge-t-il quand il fe rend l'apologifte de *Mac-doufaïb* ? Veut-il donc faire penfer qu'il étoit le complice de toutes les perfidies de cet indigne Chef ? Il auroit au moins dû fe fouvenir des faits conftans que je viens de rapporter, & de ceux que j'ai relaté ailleurs ; faits notoires qui détruifent fa dépofition, & qui le déclarent hautement parjure.

Mais accoutumé à tout confondre, le fieur *Ligny* ajoute que *je perdis le tems en me tenant à l'écart fous un arbre*, tandis qu'il eft connu de toute la Troupe, que je n'y paru, que lors de la retraite pour offrir des rafraichiffemens aux Officiers. Il dit encore que *je me repliai avec affez peu d'ordre :* pour le coup, il auroit dû fe refpecter lui-même ; car, s'il ignore que les *Officiers* de *piquets* font particulierement chargés de cette partie, je n'ai pas oublié que le fieur *Ligny* étoit du nombre.

4°. La fuite de fa dépofition contient les imputations les plus graves. Il m'accufe d'*avoir detourné à mon profit, conjointement avec* Ramelinga, *le Convoi* dont a été fait mention, de n'avoir fuivi que mon *avidité* & mon *intérêt perfonnel*. La preuve qu'il en donne eft finguliere : il ne peut, dit-il, se dispenser de le croire. Mais ce que le fieur *Ligny* croit, ce que tous les fieurs *Ligny* du monde, fuppofé qu'il en exifte quelqu'autre, peuvent croire, m'eft indifférent. Je demande au fieur *Ligny* fi, lorfqu'il a prêté ferment, il a juré de déclarer fes idées, fa façon de penfer fur mon compte, ou de dire la vérité fur les faits dont il a été Témoin ? Si fon ferment, fi fon devoir, fi la foi qu'on doit ajouter à fa dépofition, ne roulent que fur les faits qui font de fa connoiffance, que prétend-il donc quand il dit qu'il NE PEUT SE DISPENSER DE CROIRE qu'il A LIEU DE PENSER. Si je difois tout ce que je ne puis me dispenfer de croire du fieur *Ligny*, je le ferois frémir d'horreur. Mais je me borne à lui obferver qu'un Témoin qui dépofe ne raifonne pas, & qu'un Témoin qui raifonne ne dépofe pas : j'ajoute qu'un Témoin qui, au lieu de fe renfermer dans la déclaration des faits qu'il connoît, s'abandonne à des conjectures, à des raifonnemens, à des conféquences, montre à découvert une animofité, une haine perfonnelle contre l'*Accufé*, & que plus il le charge, plus il dévoile fa propre noirceur, & moins il mérite d'être cru ; tel eft évidemment le cas où le fieur *Ligny* s'eft mis vis-à-vis de moi.

Je me trompe. Pour appuyer ce qu'il NE PEUT SE DISPENSER DE CROIRE, il rapporte un fait qui auroit dû lui faire croire toute autre chofe : Il dit que *le fieur LEMEINTIER & le fieur HIGLE, ayant ramaffé une quantité de bœufs dont ils comptoient nourrir les Troupes,* je les fis *configner & remettre à RAMELINGA, & que le fieur Higle ayant voulu demander un reçu à RAMELINGA,* je l'ENVOYAI *prifonnier à Gingy.*

Le fieur *Ligny* n'a pas bien concerté cette impofture. Si le fait étoit tel qu'il le rapporte, le fieur *Lemeintier* s'en feroit plaint dans fa dépofition, & il n'en a pas dit un mot. Le fait que j'ai plus détaillé ailleurs, eft que mes *Cypahys* ayant ramaffé un certain nombre de bœufs, le fieur *Higle* s'en empara, & en vendit une partie à *Ramelinga*, de qui le fieur *Higle* prit un billet de payement. Informé de ce procédé , je voulus engager amiablement le fieur-*Higle* à rendre ce billet ; fur fon refus, accompagné de paroles indécentes, je le mis aux arrêts à *Gingy* ou nous étions alors.

Le fieur *Ligny* ne pouvoit se dispenser de défigurer ce fait , pour prouver ce qu'il ne peut se dispenser de croire ; mais il ne s'apperçoit pas qu'il bleffe toutes les vraifemblances : il n'eft pas vraifemblable en effet que , dans un Pays où nous étions entourés d'ennemis , j'euffe permis à mes Officiers de quitter le Détachement, fur tout pendant une marche , pour courir après des (*a*) bœufs. Il eft encore moins vraifemblable que fi j'avois fait moi-même remettre les bœufs à *Ramelinga*, le fieur *Higle* eût été lui demander un reçu.

5°. Enfin le fieur *Higle* termine fa dépofition en difant : Qu'ayant été *envoyé au dehors avec un Détachement* (*b*) *considerable , pour favorifer l'entrée des Convois à* PONDICHERY *, non-feulement* je *n'avois fait aucun mouvement apparent & utile* pour cet objet , mais que j'avois *fait disperfer & ruiner ma Troupe.* Il rapporte encore de toutes ces accufations une preuve auffi victorieufe que la précédente , c'eft qu'il peut le dire et l'assurer.

(*a*) C'eût été , dans le vrai, peine inutile ; car les beftiaux de l'*Inde* fuyent à la vue des *Blancs* , & tout le monde fçait , hors le fieur *Ligny* , qui a eu fes raifons pour n'en pas paroître inftruit, qu'il n'y a que les Gens du Pays qui puiffent les atteindre.

(*b*) Le fieur *Ligny* paroît n'avoir aucune idée nette des chofes. Pour gratifier mon Détachement de l'épithète qu'il lui donne , il auroit fallu au moins qu'il eût été à peu près égal en forces à celles de l'ennemi. Cè Détachement , considerable , fuivant le fieur *Ligny* , étoit de 200 hommes , & l'ennemi m'oppofoit un Corps de 600 blancs & de 4000 noirs.

De mon côté, je puis DIRE ET ASSURER que le fieur *Ligny* fe contredit manifeftement lui-même, & outrage fans pudeur la vérité ; mais comme je n'ai pas le front du fieur *Ligny*, je ne me contente pas de LE DIRE ET L'ASSURER, je le démontre.

1°. Il dit que je n'ai fait *aucun mouvement* pour faire paffer des Convois à *Pondichéry*, & il difoit au commencement qu'il avoit vu UN CONVOI TOUT PREPARÉ, TOUT DISPOSE' A SE METTRE EN MARCHE : donc j'avois fait, de fon propre aveu, quelque *mouvement* pour cet objet : donc il fe contredit.

2°. Le fieur *Lemeintier* me reproche dans fa dépofition, que l'ayant envoyé conduire un Convoi confidérable à *Pondichéry*, le *Général* ne l'avoit pas protégé, comme je le lui avois promis ; & le fieur *Ligny* OSE DIRE ET ASSURER que je n'ai fait *aucun mouvement apparent & utile* pour faire entrer des Convois à *Pondichéry*. Ne faut-il pas avoir une ame familiarifée avec le menfonge pour ofer ainfi contredire des vérités publiques ? Toute la Troupe eft témoin que j'ai fait partir plufieurs Convois pour *Pondichéry*, & je défie & le fieur *Ligny*, & tout autre, de prouver que j'en aie détourné la moindre partie à mon profit.

3°. Le fieur *Ligny* dit que j'ai *fait mourir de faim*, que j'ai *difperfé & ruiné* ma Troupe. Eft-il poffible que ce Témoin fe foit permis des impoftures fi faciles à détruire ? Par quel fecret aurois-je pû *faire mourir de faim, difperfer, ruiner* ma Troupe, la conduire enfuite toute * entiere chez les *Marrattes*, & de-là au *Mayffour* ? Par quel tour d'imagination le fieur *Ligny* veut-il faire croire que

* Je parle de la *Cavalerie*, car j'avois laiffé toute mon *Infanterie* à *Thiagar*.

j'aie fait *mourir de faim, disperſé* & *ruiné* une Troupe qui s'eſt néanmoins vendue au Chef des *Mays-*
ſouriens ? Comment enfin concilier cette imputation, avec la vente que j'ai ſucceſſivement faite de
tous mes effets pour ſuffire aux beſoins de la Troupe ? Le ſieur *Ligny* n'a-t-il pas été, comme tant
d'autres, l'objet d'un ſacrifice auſſi louable?......
Je me laſſe de confondre ce téméraire Témoin, &
je crois en avoir dit aſſez pour exciter contre lui
l'indignation qu'il mérite.

Il eſt évident que, pour les faits qu'il atteſte, le
ſieur *Ligny* tombe dans des contradictions mani-
feſtes, dans des impoſtures indécentes, & qu'il ſe
livre, en voulant raiſonner, à une déclamation vé-
hémente, qui ne peut avoir pour principe qu'une
haine implacable & un deſſein prémédité de me
nuire.

C'eſt cependant ce Témoin ſi faux dans ſes aſ-
ſertions, ſi audacieux dans ſes conjectures, qui a
donné lieu aux dépoſitions de tous les autres, qui
ne parlent que par *ouï-dire.*

J'ai oppoſé à tous des reproches qui rendent leurs
témoignages très-ſuſpects. Il n'y en a pas deux qui
dépoſent uniformément ſur le même fait. Il n'y en
a pas un ſeul qui apporte contre moi une preuve
concluante. Il réſulte au contraire de mes interrogatoires, de mes réponſes aux confrontations, de
mon Mémoire où je me ſuis attaché à jetter le plus
grand jour ſur toutes les imputations dont on a
voulu me flétrir, & de ma préſente Requête, que
mon innocence eſt prouvée de la maniere la plus
complette & la plus victorieuſe.

Il me reſte à conjurer LA COUR de vouloir conſidérer que je ſuis Etranger, que j'ai beſoin de réflexion pour entendre le François, & m'exprimer dans cette Langue ; que cette difficulté étoit encore plus grande au commencement de ma détention, & que ce n'eſt qu'à force d'application & de lecture, que je ſuis parvenu à écrire le François mieux que je ne le parle. Ces raiſons me font craindre de n'avoir pas bien ſaiſi le ſens des dépoſitions, & d'avoir mal rendu mes idées lors des interrogatoires & des confrontations. Pour réparer des inexactitudes contraires à la volonté des Loix, aux intentions des Magiſtrats qui m'ont entendu, à ma juſte défenſe, je ſupplie LA COUR de rapprocher de mon Mémoire & de ma préſente Requête, tout ce que j'ai ſigné aveuglément, & d'apprécier l'un par l'autre. Je n'ai beſoin, pour triompher de la calomnie, que de faire connoître la vérité, & la Juſtice que j'implore ici, n'a pas d'autre objet.

Ce considere', il plaira à LA COUR ordonner que les dépoſitions des Témoins ſeront nulles, & comme non faites ; que le Suppliant ſera élargi ſans délai, & que ſes Délateurs lui ſeront dénoncés pour les prendre à Partie, & pourſuivre contre eux telles réparations, dommages & intérêts que de droit : & Ferez bien.

Signé A L E N.

Monſieur P A S Q U I E R, *Rapporteur.*

DE L'IMPRIMERIE DE P. G. LE MERCIER.

www.ingramcontent.com/pod-product-compliance
Lightning Source LLC
LaVergne TN
LVHW012115170726
843501LV00008BC/2891